W0375119

LE FIGARO littéraire

Petit traité singulier des pléonasmes insoupçonnés

Attention ! Le pléonasme sonne toujours deux fois...

par Jean-Loup Chiflet

Mots & Caetera

Le Figaro – 14, boulevard Haussmann, 75009 Paris.
Directeur général, Directeur de la publication : Marc Feuillée.
Directeur des rédactions : Alexis Brézet.
Directeur délégué des rédactions : Paul-Henri du Limbert. **Éditrice** : Sofia Bengana.
Éditeur adjoint : Robert Mergui. **Administratrice des rédactions** : Nathalie Hervo.
Directrice adjointe à l'édition : Anne Huet-Wuillème. **Édition** : Valérie Maillard.
Auteur : Jean-Loup Chiflet.
Responsable fabrication : Denis Imbault. **Responsable pré-presse** : Alain Penet.
Direction de la diffusion : Philippe Grinberg. **Directeur des ventes** : Laurent Nocca.
Responsable de la communication : Aurélie Broux.
ISBN : 978-2-8105-0813-6. Achevé d'impression en août 2017
sur les presses de l'imprimerie Toppan Leefung en Chine.

t-prop

En guise de «préambule préalable» ou d'«avant-propos préliminaire»

Si je vous dis cher lecteur, qui avez fait l'effort (louable) de vous procurer cet ouvrage, qu'il s'agit en fait d'un recueil de «redondances tautologiques», voire de «battologies oiseuses» ou de «périssologies candides», vous allez m'en vouloir non seulement pour mon pédantisme affiché mais surtout parce que vous pensiez avoir acheté un livre sur «les pléonasmes».

Rassurez-vous, c'est bien de cela qu'il s'agit, mais sachez qu'«au jour d'aujourd'hui», le pléonasme n'a pas «l'apanage exclusif» de nommer un «terme ou une expression qui ajoute une répétition à ce qui vient d'être énoncé». Voilà qui a enfin le mérite d'être clair… Si ce n'est qu'on est en droit de se demander si l'on a affaire à une faute de style ou à une figure de rhétorique.

C'est pourquoi j'ai décidé de trancher pour vous, en distinguant mes pléonasmes préférés en «impardonnables, un peu excusables, excusables et excusés» dans ce «panorama complet rédigé par écrit».

Jean-Loup Chiflet

Petit traité singulier des pléonasmes insoupçonnés

Chapitre 1

Les impardonnables

Des pléonasmes que tout le monde peut reconnaître au premier coup d'œil et qui n'échapperont pas à un amoureux de la langue.

« Et nous n'avons à nous que le jour
d'aujourd'hui ! »
Lamartine, *Méditations poétiques*.

Au jour d'aujourd'hui

Ce n'est pas parce qu'elle commence par « a » que je place cette expression en tête, mais plutôt parce que son usage, pour moi si fautif, se répand tellement que je crains de la voir s'imposer, ce qui serait catastrophique. Je m'explique : hui, en ancien français, signifiait « le jour où l'on est » et puis, nul ne sait pourquoi (le trouvait-on trop court ?), on l'a rallongé avec le mot jour. On s'est donc mis à dire « aujourd'hui », soit « au jour de ce jour ». Cela aurait dû suffire, non ? Il semble que non puisqu'on lui rajoute maintenant un « au jour » de plus, et là, je dis, trop, c'est trop. C'est peut-être un combat d'arrière-garde, mais tant pis. En ce qui me concerne, je refuse de dire « au jour au jour de ce jour », même si Lamartine a écrit : « Et nous n'avons à nous que le jour d'aujourd'hui ! » dans ses *Méditations poétiques*.

Rédiger par écrit

Dès le XVe siècle, le verbe rédiger signifie « mettre par écrit », c'est dire qu'il est tout à fait inutile de préciser que l'on prend la plume, oh, excusez-moi, le clavier, pour rédiger quelque chose ! Notez que les Anglais ne risquent pas de se laisser aller à cette maladresse. Ainsi quand ils traduisent notre proverbe « Les paroles s'envolent, les écrits restent », ils disent : « Spoken words fly away, written words remain » (Les mots parlés s'envolent, les mots écrits restent).

Fausse perruque

L'origine du mot perruque est incertaine, en revanche on sait qu'il a d'abord désigné « une longue chevelure naturelle » et qu'on employait l'expression « perrucque faincte » pour parler de faux cheveux. Mais à partir du XVIe siècle, l'adjectif a disparu et le mot perruque définit depuis une « coiffure de faux cheveux ou une chevelure postiche ». Ainsi, lorsque à trente ans Louis XIII commença à perdre ses cheveux, il décida de porter une perruque. Louis XIV, dont la chevelure était abondante, attendra ses trente-cinq ans avant d'en mettre une, mais il exigera qu'on y pratique des orifices par lesquels on pouvait passer les mèches de ses propres cheveux. Tout cela pour vous dire qu'aujourd'hui, une perruque, qu'elle soit en faux ou en vrais cheveux, est toujours fausse.

Pour désigner un taux d'usure excessif, les Grecs employaient le mot *pleonasmos*, le bas latin l'a emprunté en le transformant en *pleonasmus* dont les grammairiens se sont emparés pour décrire « un terme qui ajoute une répétition à ce qui a déjà été énoncé ». Le pléonasme était né ! Mais attention, en matière de pléonasme, comme dans beaucoup d'autres choses, c'est l'intention qui compte. Ainsi, lorsqu'une répétition inutile vous échappe, vous commettez un pléonasme que certains qualifient avec indulgence de « pléonasme inconscient » et que d'autres vont jusqu'à qualifier de vicieux ou de fautif, mais si vous décidez volontairement de vous livrer à une répétition pour insister, faire rire, renforcer votre propos, cette répétition deviendra une figure de style et ne vous vaudra aucun reproche.

Première priorité, principale priorité

On s'en aperçoit en écoutant le moindre candidat à n'importe quelle élection, les priorités (du latin *prior*, le plus en avant, le premier des deux) sont souvent bien nombreuses, on ne peut donc éviter de les classer et même d'en placer une en tête. Alors, comment la nommer cette « principale ou première priorité » sans risquer d'être moqué ? Quelques propositions pour venir en aide aux malheureux communicants : priorité absolue, priorité majeure, priorité des priorités… Qu'ils se creusent la cervelle, bon sang !

Crier fort

On peut crier plus fort ou moins fort, mais vous est-il vraiment arrivé de dire : « Je lui ai crié doucement de cesser de faire brailler sa télé » ? Évidemment pas. Qu'il me suffise de vous donner quelques-uns des nombreux synonymes de ce verbe pour vous convaincre qu'on ne crie jamais que fort (d'une façon puissante, violente) : acclamer, clamer, s'écrier, s'égosiller, s'exclamer, gueuler (sic), hurler, tonitruer, tonner, vociférer… En revanche, il est conseillé de crier « gare » dans certains cas. Pourquoi ? Parce qu'« arriver sans crier gare » si l'on n'est pas attendu peut créer des situations déplaisantes…

Cadeau gratuit, don gratuit

Si une supposition peut être gratuite (non fondée), un cadeau en revanche ne peut être que gratuit puisqu'il ne vous viendrait pas à l'idée de faire payer à quelqu'un ce que vous lui offrez (offrir: donner en cadeau). De la même façon, un don qui est une « chose que l'on donne volontairement et gratuitement » ne peut pas être payant. Attention cependant à ne pas confondre les deux mots; s'ils sont souvent synonymes, ils ne sont pas toujours interchangeables: si vous pouvez dire de quelqu'un que vous n'appréciez guère: « C'est pas un cadeau ! », on vous comprendra moins si vous dites « C'est pas un don ! », idem si vous vous exclamez: « Ils ne se font pas de dons ! » ou « Elle a vraiment le cadeau des langues ! ».

« Tout ce qui existe dans l’univers est le fruit du hasard et de la nécessité », Démocrite.

« Il n’y a point de hasard », Voltaire.

« Il est plus facile de devenir ami au hasard que de le rester toute sa vie », proverbe chinois.

Hasard imprévu

« Le hasard fait bien les choses », dit la sagesse populaire. Certes, mais il les fait lorsque l’on ne s’y attend pas, quand cela n’a pas été prévu. Le hasard est donc forcément imprévu et c’est inscrit dans son histoire. Emprunté à l’arabe *az-zahr* qui signifiait « dé », le mot est devenu *azar* en espagnol, avant de désigner un jeu de dés en usage au Moyen Âge. Il a acquis ensuite un sens figuré qui est entré dans le langage courant. Très courant même. Peu de mots ont inspiré autant d’aphorismes, de citations, de jeux de mots... De Démocrite « Tout ce qui existe dans l’univers est le fruit du hasard et de la nécessité » à Voltaire « Il n’y a point de hasard », en passant par un proverbe chinois « Il est plus facile de devenir ami au hasard que de le rester toute sa vie ».

Petit nain, grand géant

Entre le nain et le géant, la différence est de taille : le premier l'a très petite, le second, très grande. Dès lors, les qualifier respectivement de petit et de grand n'apporte aucune information supplémentaire. Et même si, adepte fervent du politiquement correct, il vous prend l'envie de parler d'un nain en disant que c'est une personne à verticalité contrariée, il n'en demeure pas moins qu'il est tout à fait inutile d'ajouter que cette personne est petite !

Petite fillette, petite maisonnette

Voilà le mot petit encore en cause, mais je n'y suis pour rien. Peut-être avez-vous oublié vos cours de grammaire et le chapitre concernant les suffixes diminutifs parmi lesquels : -ette ? Comme son nom l'indique, le suffixe diminutif sert à « former un nom en rapport avec une forme plus petite de l'objet ». Une fillette est donc une petite fille, une maisonnette, une petite maison et, par conséquent, une petite fillette est une « petite petite fille » et une petite maisonnette, une « petite petite maison ». Le suffixe -et rapetisse de la même façon un jardin en jardinet, un mur en muret, un livre en livret par exemple...

Attention cependant, ces suffixes dont nous venons de parler ne sont pas forcément diminutifs. Je m'explique : (-ette) ou (-et) ajoutés à la fin du nom d'un objet n'impliquent pas nécessairement que ce nom va désigner une forme plus petite de l'objet en question. Prenons barquette par exemple, à l'origine ce mot signifiait « petite barque », mais aujourd'hui il désigne « un récipient dans lequel on conditionne des aliments ». Donc, si vous n'avez pas très faim ou si vous ne raffolez pas des crudités, vous pouvez sans problème demander « une petite barquette de carottes râpées » chez le traiteur. De la même façon, un menuet n'est évidemment pas un petit menu, ni un parquet un petit parc.

Bip sonore

Ce qu'il y a d'insupportable avec un répondeur, c'est que vous ne pouvez pas l'interrompre quand il vous enjoint de : « Parlez après le bip sonore » et lui dire que son bip va fatalement émettre un son puisque, par définition, il est un signal sonore. Alors, je sais que notre pays croule sous les normes et les injonctions, mais ne pourrait-on pas quand même obliger les répondeurs (enfin ceux qui les gèrent) à choisir obligatoirement entre ces deux formulations : « Parlez après le signal sonore » ou « Parlez après le bip » ?

Mal fagoté

Comment pourrait-on être « bien fagoté » puisque le verbe fagoter signifie « habiller mal » ? Comme le dit notre Petit Robert, l'origine du mot fagot est obscure, jusqu'à ce qu'il désigne des petites branches liées entre elles et que le verbe définisse le fait de mettre en fagot. Cela ne nous explique pas pourquoi, lorsque l'on s'est vêtu n'importe comment, on se fait traiter de branches ! Qu'importe, parlons de choses plus plaisantes, ces bonnes bouteilles que vous avez sorties de « derrière les fagots » pour les servir à vos invités et les en régaler. Là, on comprend qu'elles étaient cachées dans votre cave, derrière un tas de fagots.

Oubli involontaire

Comment allez-vous formuler votre excuse : « Je suis désolé, j'ai oublié que c'était ton anniversaire ! » ou « Je suis désolé, j'ai oublié involontairement que c'était ton anniversaire ! » ? Sauf si la personne à laquelle vous vous adressez a des raisons de vous soupçonner d'avoir fait exprès de zapper cette date importante, il est évident que la seconde formule ne s'impose absolument pas et qu'elle est même tout à fait inappropriée. En revanche, vous avez le droit de commettre des oublis volontaires. Ainsi, j'ai une amie dont la sœur, très généreuse, oublie régulièrement chez elle un pull, un foulard, une jupe... et qui, quand mon amie lui téléphone pour le lui dire, lui répond « Ah, le petit pull rose, non, non, je n'en ai pas besoin, garde-le, il est un peu petit pour moi, il t'ira très bien... ». C'est ce que mon amie appelle les oublis volontaires de sa sœur.

« Il ne suffit pas d'être un grand homme,
il faut l'être au bon moment »,
Georges Pompidou.

À un certain moment donné

Dans la vie, il faut choisir. Vous voulez parler d'un « moment », c'est-à-dire d'un espace de temps et comme vous ne pouvez pas le fixer avec précision vous avez besoin de le qualifier mais il ne sert à rien de le faire deux fois, surtout que les deux qualificatifs « certain » et « donné » prennent dans ce contexte le même sens. Il vous suffit donc de choisir entre dire « à un certain moment » ou « à un moment donné ». Le mot moment a inspiré de nombreux auteurs, philosophes... Mais la citation que je préfère est sans conteste celle-ci de Georges Pompidou : « Il ne suffit pas d'être un grand homme, il faut l'être au bon moment. »

Actuellement en cours

Puisque nous venons de parler de « moment », intéressons-nous à « actuellement » qui signifie justement « en ce moment, maintenant ». Si j'ajoute que quelque chose qui est en cours est quelque chose qui « est en train de se réaliser, de se dérouler », vous vous apercevez tout de suite qu'il n'est pas besoin de spécifier qu'un événement qui se réalise en ce moment donc actuellement est « en cours », vous êtes d'accord ? Il n'y a rien à ajouter.

Exporter à l'étranger, importer de l'étranger

Il n'est pas vraiment besoin de connaître l'étymologie d'exporter et d'importer pour savoir que le premier signifie « vendre hors d'un pays » et que le second est son contraire et que, par conséquent, on exporte ou on importe tout court. Ces deux mots viennent du latin (*exportare*, porter hors de) et (*importare*, porter dedans) et sont la transcription des vocables anglais *to export* et *to import*, ce qui est vrai, sauf qu'il ne faut pas omettre de préciser que ces verbes sont des emprunts au... français.

Index alphabétique

On ne sait pas trop pourquoi le mot index qui désignait le doigt le plus proche du pouce qui servait à montrer, à indiquer, est devenu au XVIIe siècle une « table alphabétique », ce qui est sûr c'est qu'un index qui présenterait en fin d'ouvrage une liste d'auteurs, de recettes, de références, etc. qui ne serait pas alphabétique ne serait plus un index. Cependant, ne vous inquiétez pas trop. Si cette expression vous échappe, vous ne risquez pas d'être mis à l'index au premier sens du mot. Index désignait en effet le catalogue des livres interdits de lecture par le Saint-Siège, mais il a été supprimé en 1965, alors !

Répéter deux fois

On peut répéter quelque chose trois, quatre ou même cent fois, mais pas deux. Pourquoi ? C'est pourtant simple, répéter consistant à « redire quelque chose que l'on a déjà dit », si on ne dit cette chose qu'une seule fois, il est évident qu'on ne l'a pas répétée. Un exemple célèbre ? « Les sanglots longs des violons de l'automne, je répète, les sanglots longs des violons de l'automne. » Voilà, c'est dit, le Débarquement est annoncé. Ce 5 juin 1944, le speaker de Radio Londres installée à la BBC a énoncé deux fois son message codé pour être sûr d'être bien compris des groupes qui attendent le signal. Le message sera complété : « ... blessent mon cœur d'une langueur monotone, je répète, blessent mon cœur d'une langueur monotone » les jours suivants et répété de très nombreuses fois pour annoncer l'imminence de l'action.

Monter en haut, descendre en bas

Nul besoin de se référer au latin *montare*, dérivé de *mons* (mont), pour savoir que lorsqu'on monte, c'est inéluctable, on se déplace de bas en haut. De la même façon, quand on descend, du latin *descendere* (aller vers le bas, venir d'en haut), on est parfaitement conscient que l'on se déplace de haut en bas. En revanche, on peut toujours monter plus haut ou descendre plus bas, ne serait-ce que dans les courbes de popularité ou les sondages préélectoraux. Demandez à nos hommes politiques. Notez aussi que dire «j'ai quitté le sud de la France pour monter à Paris» n'a pas seulement un petit côté provincial complexé mais est carrément redondant.

Paroles verbales

Si les paroles peuvent être chantées en duo par Dalida et Delon (*Parole, parole*) par exemple, elles ne peuvent être autrement que verbales puisqu'elles sont par définition « l'expression verbale de la pensée ». Cependant, même si on peut avoir la tentation de désigner des promesses non tenues ou des propos inconsistants de « paroles verbales », cette expression est vraiment malencontreuse. On peut faire tellement d'autres choses avec le mot parole : on peut la couper, la prendre, la tenir, n'en avoir qu'une, la passer à quelqu'un... on peut même boire les paroles d'une personne qu'on admire et regretter qu'il ne manque que la parole à son animal préféré.

Vous l'ignorez peut-être, mais lorsque vous redemandez quelque chose, vous utilisez un verbe itératif ou fréquentatif, c'est-à-dire qu'étant pourvu du préfixe re-, il indique la répétition de l'action qu'exprime le verbe et qu'il est donc superfétatoire de préciser « de nouveau » qui signifie « une fois de plus, encore ». Ainsi, on ne redit, refait, rejette, etc. pas « de nouveau ». Attention, cela ne veut pas dire que vous n'avez pas le droit de repeindre votre salon ou de renouer vos lacets de chaussures autant de fois que vous le voulez !

Optimiser au maximum

Après avoir « positivé » pendant des années (« Avec Carrefour je positive »), Carrefour pour sa nouvelle campagne a eu l'idée de nous proposer, en 2015, un slogan qui ne vous a sûrement pas échappé : « J'optimisme ». Au point où elle en est de maltraiter la langue, l'enseigne aurait tout aussi bien pu nous infliger un « J'optimise au maximum ». Optimiser étant le synonyme de maximaliser, elle nous aurait imposé un pléonasme au lieu d'un néologisme plus que douteux, je ne sais pas ce que je préfère…

Preuve probante

Si je vous disais que ce qui précède est la « preuve probante » que la grande distribution ne recule devant rien pour nous inciter à faire déborder nos chariots, vous me feriez remarquer que c'est l'hôpital qui se moque de la charité… Et vous auriez raison. Probant (du latin *probans*, qui prouve) n'a pas besoin d'être ajouté au mot preuve (du latin *probare*, dérivé du verbe prouver) qui désigne donc ce qui prouve. J'aurais évidemment dû choisir entre ces différentes possibilités : preuve irréfutable ou indéniable ou évidente ou irrécusable… Pour vous convaincre que ce que j'avance est un élément « probant ».

séant

Se lever debout, s’asseoir sur son séant

Et si nous faisions un peu de gymnastique ? Essayez par exemple de vous lever sans vous mettre debout et de vous asseoir sur autre chose que votre séant. Il va falloir vous livrer à quelques contorsions puisque « se lever » est l’équivalent de « se mettre debout » et que pour « s’asseoir », il faut « se mettre sur son séant », séant étant le participe présent du verbe latin *seoir* « être assis ». Alors, si quelqu’un, se vantant d’être matinal, vous dit qu’il se « lève debout tous les matins à l’aube », répondez-lui qu’il a le droit de se vanter de son courage mais qu’il doit le dire autrement, qu’il « se lève avec les poules » par exemple.

Vous avez peut-être pensé
en lisant l'article ci-contre
que j'exagérais et que rares
étaient les gens qui
se « levaient debout ».
Vous vous trompez,
la preuve :
« C'est ce que je demande,
s'écria-t-elle,
en se levant debout. »
Stendhal,
Le Rouge et le Noir.

Marche à pied

Vous pouvez bien sûr marcher sur les mains, mais à part ce cas extrême, pensez-vous vraiment que vous pouvez vous déplacer naturellement autrement qu'en mettant un pied devant l'autre ? Et d'ailleurs, quand quelqu'un vous raconte qu'il est allé faire une semaine de marche dans le Vercors, vous n'avez pas besoin qu'il vous précise qu'il n'était ni à vélo, ni à dos d'âne ou de chameau, vous savez parfaitement que comme tout bon *Homo erectus* bipède qu'il est, il se tenait en position verticale et se déplaçait sur ses deux pieds. Alors, de grâce plus de « marche à pied » dans votre vocabulaire !

Entrer dedans, sortir dehors

- « Si vous continuez à entrer dedans avec vos bottes boueuses, je... » ; - « Que je sorte dehors par une chaleur pareille, tu n'y penses pas ! » Eh oui, l'exaspération ou l'indignation peuvent nous faire dire des choses ! Car enfin, nous savons tous qu'entrer signifie « passer du dehors au-dedans » et que sortir c'est « aller dehors », alors ces deux pléonasmes ne peuvent nous échapper que dans des circonstances particulières... ils n'en sont pas moins impardonnables.

Mauvais cauchemar

Vous n'oublierez plus qu'un cauchemar ne peut pas être autrement que mauvais quand vous connaîtrez l'étymologie de ce mot. Je vous passe les détails, mais il suffit de savoir que la première partie du mot, d'origine picarde, évoque la sensation d'oppression, voire de suffocation et que la seconde, picarde également, mais empruntée au moyen néerlandais *mare,* désigne « un fantôme provoquant des mauvais rêves ». Avec de pareils antécédents, vous conviendrez qu'il n'y avait aucune chance pour qu'un cauchemar soit autre chose qu'un très, très mauvais rêve et par voie de conséquence que tout ce qui nous arrive d'abominable, d'épouvantable, pour ne pas dire d'apocalyptique, ne soit qualifié de « cauchemardesque ».

Mutisme le plus total

Soit on parle, soit on ne parle pas et, si on parle on peut parler doucement, un peu, beaucoup... Mais si l'on ne parle pas, si l'on se tait, on ne peut pas se taire doucement, un peu ou beaucoup... Le mutisme (ou fait de ne pas s'exprimer, de garder le silence) ne peut donc en aucun cas être partiel, et s'il n'est pas partiel, il est total ! En revanche, il peut faire du bruit et c'est Albert Camus qui l'écrit dans *La Chute* : « Son mutisme est assourdissant. » Quant à Erik Orsenna, il nous explique dans *La Fabrique des mots* que « le plus étrange, c'est que le mot Mot, si je puis dire, vient du latin -*muttum*- dont on a tiré Mutisme, l'absence de parole. Drôle de destin pour le mot Mot, qui sert à parler ».

« Politicien ambitieux. Pléonasme »,
Jacques Mailhot.
Cette opinion n'engage que lui.

Orteils des pieds

Aux mains, nous avons des doigts, aux pieds des doigts de pieds mais ces derniers, sans doute parce qu'ils sont différents dans leur aspect autant que dans leur usage, ont reçu un vocable qui leur est propre et qui se suffit à lui-même, le mot « orteil ». La preuve que ce mot ne concerne que lui ? Vous avez déjà entendu quelqu'un parler d'« orteils des mains » ? Ah, si vous étiez anglais, vous ne pourriez pas vous tromper. doigt se dit *finger* tandis que *toe* signifie à la fois doigt de pied et orteil. Surtout, si le mot *toe* vous a échappé, et que votre danseur vous a écrasé un orteil, je vous déconseille fortement de lui dire qu'il a marché sur « the finger of my foot ».

orteil

Ajouter en plus

Qui se souvient de cette publicité où un petit monsieur moustachu bousculait les pâtissiers en train de fabriquer les biscuits Bahlsen et, d'un coup de coude ou de fessier, leur faisait renverser des quantités supplémentaires de sucre, de noisettes et de chocolat dans leurs préparations ? C'était en 1978 et ce personnage, baptisé « Monsieur Plus » devenu emblématique de la marque, a tellement marqué les esprits qu'on se surprenait à dire de quelqu'un qui en faisait trop qu'il était un Monsieur Plus. Et c'est exactement ce que j'ai envie de dire à quelqu'un qui veut « ajouter en plus », c'est-à-dire « mettre en plus en plus » : « Ne fais pas ton Monsieur Plus ! »

Allumer la lumière

Si l'on peut dire sans problème éteindre la lumière, donner de la lumière, mettre en lumière, faire la lumière..., il est tout à fait impossible d'utiliser l'expression allumer la lumière puisque le verbe allumer signifie « rendre lumineux en faisant fonctionner une source de lumière ». Si vous êtes un fan de Johnny, vous pouvez bien sûr « Allumer le feu », mais dans la vie courante, vous devez allumer la lampe, le lampadaire, les bougies, vos phares... mais pas... la lumière.

À partir de dorénavant

Même si vous êtes à bout d'arguments et ne savez plus quoi dire à un adolescent qui refuse d'obtempérer à vos demandes, si vous vous exclamez : « À partir de dorénavant, si tu ne ranges pas ta chambre, je... », la définition du mot dorénavant étant « à partir du moment présent », cela revient à le prévenir que c'est « à partir d'à partir du moment présent » qu'il sera privé de son portable. Je doute que cette accumulation parvienne à le convaincre de mettre de l'ordre dans sa chambre. Par ailleurs, « À partir de désormais » ne risque pas de faire avancer vos affaires, désormais signifiant exactement la même chose que dorénavant.

Voir de ses propres yeux

Il faut vraiment avoir la tête ailleurs pour imaginer que l'on peut voir (du latin *videre*, percevoir quelque chose par le sens de la vue) avec autre chose que les yeux. Et comme vous savez très bien que « propre » dans cette phrase n'est pas là pour parler de la non-saleté mais de l'appartenance, et qu'il est donc inimaginable de penser que l'on peut voir avec les yeux de quelqu'un d'autre, « voir de ses propres yeux » est tout bonnement impossible à ne pas faire, donc à dire.

On ne peut pas donc pas dire « voir de ses propres yeux » et pourtant, les plus lettrés d'entre vous vont trouver que j'exagère et citer Molière : « Je l'ai vu, dis-je, vu de mes propres yeux, vu. Ce qu'on appelle vu... », *Tartuffe* ; ou Corneille : « Puissé-je de mes yeux y voir tomber ce foudre, Voir ses maisons en cendres et tes lauriers en poudre... », *Horace* ; ou encore Voltaire : « Les éclairs sont moins prompts, je l'ai vu de mes yeux, Je l'ai vu qui frappait ce monstre audacieux », *Mérope*. Mais ces pléonasmes n'ont pas échappé à ces trois grands auteurs qui les ont écrits en toute connaissance de cause. Comme j'ai eu l'occasion de vous le dire *(lire p. 21)*, ces « pléonasmes volontaires » sont tout à fait légitimes.

Chapitre 2

Les un peu excusables

Des pléonasmes tellement employés dans notre quotidien et surtout dans les médias que même si, en y regardant à deux fois on les reconnaît comme tels, ils finissent par échapper à tout un chacun.

Entre deux alternatives

Je ne qualifierais pas la partie de votre corps qui peut se trouver « entre deux chaises » lorsque vous êtes tiraillé entre deux situations, deux possibilités, car cette expression imagée et qui dit bien ce qu'elle veut dire est souvent fort utile. En revanche, dire que vous hésitez « entre deux alternatives » est tout à fait inapproprié puisque alternative étant « un ensemble de deux solutions, de deux possibilités qui mènent à des aboutissements différents », vous ne pouvez évidemment pas hésiter entre deux ensembles de deux solutions. Pour cette même raison, « double alternative » est malvenu. Mais je serai indulgent si vous vous êtes laissé influencer par le mot anglais (*alternative*) qui, lui, désigne chacune des possibilités parmi lesquelles on peut choisir.

Court de tennis

Il ne vous viendrait pas à l'idée de dire que vous allez disputer un match sur un « terrain de football de football ». C'est pourtant ce que vous faites quand vous dites « court de tennis » puisque le mot court, d'origine anglaise, désigne en français un terrain de tennis. Ne me demandez pas pourquoi les autres sports (football, baseball, handball, rugby...) ont tous des terrains et que le tennis est le seul à avoir un mot rien que pour lui. Snobisme des adeptes de la raquette avant que le tennis ne se démocratise ?

Deux jumeaux

S'ils étaient trois, ce serait des triplés et s'il n'y en avait qu'un... De Romulus et Rémus aux frères Bogdanov en passant par Jean-Louis et Bernard Debré, ces couples d'enfants nés d'une même grossesse ont toujours retenu l'attention, qu'ils soient vrais ou faux. Devinette : quel est le seul endroit où l'on peut dire « deux jumeaux » ? La boucherie : « Vous me donnerez deux jumeaux, un jumeau à pot-au-feu et un jumeau à bifteck. » Croyez-moi, vous vous régalerez avec ces morceaux de bœuf situés dans l'épaule de l'animal.

défile

Défiler successivement

L'origine de défiler, dérivé de filer (du bas latin *filare*, étirer en fils), nous le dit bien, quand on défile, on se déplace « en file » ou mieux encore « à la file » pour ne pas dire de façon un peu triviale « à la queue leu leu ». On est donc l'un derrière l'autre, ce qui est la caractéristique de ce qui se déroule successivement. Cela reste vrai pour les parades militaires ou les cortèges de chars fleuris, mais lorsque l'on admire les chorégraphies des défilés de mode où des créatures de rêve font bien plus que se déplacer en file indienne sur les podiums, on a bien le droit de considérer qu'on ne défile plus nécessairement successivement. Et tant pis si j'ai l'air de me défiler en disant cela.

Frais onéreux

Qualifier des frais d'onéreux, quand on connaît la définition de cet adjectif : « qui occasionne des frais », semble tout à fait impossible puisqu'il faudrait en conclure que des frais onéreux sont « des frais qui occasionnent des frais ». Mais, et cela depuis le XVIIe siècle, onéreux signifie aussi « qui coûte beaucoup d'argent, qui est cher », alors à la réception d'une facture jugée salée, on peut se laisser aller à trouver des frais un peu trop onéreux.

Panorama complet

Tout dépend du panorama dont on parle. R. Baker, peintre anglais du XVIIIe siècle, a créé le mot panorama (du grec *pan*, tout, et *horama*, ce que l'on voit) pour désigner les œuvres qu'il réalisait. Le spectateur, placé au centre du tableau, en avait une vue d'ensemble. Un panorama est donc ensuite devenu « une vaste étendue de paysage que l'on regarde depuis une hauteur ». Vous savez comme moi que selon l'endroit où vous vous placez, il peut arriver que vous ne voyiez pas la totalité du paysage que vous êtes en train d'admirer, ce panorama-là peut donc ne pas être complet (quelque chose à quoi il ne manque aucun élément). En revanche, si l'on parle d'un panorama au sens d'une étude ou d'une vue d'ensemble sur une question, dire qu'il est complet ne s'impose pas, son objet étant, en principe, de faire le tour complet d'un sujet. J'ai dit en principe, car à l'heure des zappings, des digests et autres raccourcis on nous vend quelquefois des panoramas pas tout à fait complets !

Sérénade du soir, aubade du matin

« J'ai beau te donner une sérénade tous les soirs et une aubade tous les matins, tu ne t'intéresses pas à moi… » Si votre belle ne répond pas à vos avances, c'est qu'elle trouve peut-être que vous chantez très bien mais que vous vous exprimez un peu lourdement car enfin vous n'avez pas besoin de lui préciser que vos sérénades sont nocturnes et vos aubades matinales. Elle sait, elle, que depuis le XVe siècle le mot sérénade (de *sera* en italien, soir) désigne un « concert donné le soir ou même la nuit sous les fenêtres de quelqu'un » de la même façon qu'une aubade (du latin *alba*, aube) signifie un « concert donné à l'aube ou le matin ». En même temps, vous avez le droit de penser qu'elle est bien difficile et que l'on ne peut pas avoir tous les talents : savoir chanter et être hyper calé en étymologie.

Dans la famille pléonasme, je demande… périssologie et tautologie. Ne vous inquiétez pas, ces deux mots à l'air bien savant ne sont que de braves synonymes de notre cher pléonasme. Comme lui, ce sont des redondances ou des répétitions si vous préférez, et comme lui, selon que vous les énoncez sciemment ou inconsidérément, ils seront qualifiés de négligence, voire de faute ou de figure de style. Je vous l'ai dit, c'est l'intention qui compte !

extéri

Apparence extérieure

Qui n'a pas rêvé d'un miroir magique qui lui répondrait comme celui de la marâtre de Blanche-Neige : « En cherchant à la ronde, dans tout le vaste monde, on ne trouve pas plus belle que toi » ? Qu'on le veuille ou non, nous sommes tous préoccupés par notre apparence, par notre aspect, ce que l'on voit de nous et donc par ce qui est extérieur, puisque ce mot signifie « qui se voit du dehors ». Mais nous avons aussi le souci de ne pas être jugé sur notre apparence, alors on peut avoir envie de préciser qu'elle n'est qu'extérieure. À ce propos, écoutons Marcel Pagnol : « Si l'on jugeait les choses sur les apparences, personne n'aurait jamais voulu manger un oursin. »

À plusieurs reprises différentes

Il y a reprise et reprise, et ça n'est pas parce que nous venons de parler de Blanche-Neige qu'il faut penser à cette pauvre Cendrillon et aux nombreuses reprises que ses méchantes sœurs l'obligeaient à faire sur leurs vêtements. Ne parlons pas non plus des reprises d'équitation, ni de celles que vous avez quelques fois bien du mal à négocier avec votre garagiste, et encore moins de redémarrage de l'économie que les politiques appellent de leurs vœux et les experts « reprise ». Vous vous demandez où je veux en venir, eh bien, c'est simple, c'est pour excuser ceux qui, influencés par cette profusion de sens du mot reprise, risquent d'oublier qu'il est malencontreux d'ajouter différentes à l'expression « à plusieurs reprises » car si ces reprises étaient semblables et non différentes, elles ne seraient pas plusieurs.

Paire de jumelles

Pourquoi diable ai-je le droit de dire « une paire de lunettes » et pas « une paire de jumelles » ? C'est très compliqué. Quand ils désignent d'une part ce que vous mettez sur votre nez pour lire votre journal, d'autre part ce que vous portez à vos yeux pour admirer votre cantatrice préférée à l'opéra, les deux mots lunettes et jumelles sont toujours au pluriel. Une paire étant un « objet unique formé de deux parties symétriques et semblables », le terme s'applique évidemment aux lunettes qui sont composées de deux verres, il devrait également s'appliquer aux jumelles qui sont « formées de deux lunettes identiques », mais ce n'est pas le cas puisque Larousse l'écrit : « paire de jumelles fait pléonasme ». J'en perds mon latin et je me contenterai donc simplement d'ajouter que dire paire de jumelles ne mérite pas une paire de claques.

Proviseur de lycée

« Le proviseur du lycée de mon fils l'a encore puni. Il commence à me chauffer ce proviseur de... » Attention, si vous ajoutez le mot lycée à la fin de cette phrase on pourra vous reprocher d'ignorer que le mot proviseur désigne « la personne qui dirige un lycée ». Je vous laisse donc libre de choisir la façon dont vous allez terminer votre phrase pour exprimer votre indignation non sans vous recommander le plus grand respect pour ce fonctionnaire...

Retour en arrière

Un retour étant un « mouvement en arrière », un retour en arrière est un « retour en arrière en arrière » et, enfonçons le clou : avez-vous déjà entendu parler d'un « retour en avant » ? La cause semble entendue, cependant, on ne peut guère échapper au succès de Robert Zemeckis et de ses trois *Retour vers le futur* ni à l'influence du mouvement des nostalgiques qui vous rabâchent que c'était mieux avant et donc avoir envie de s'extraire du rythme frénétique du quotidien en se posant un peu, en faisant un retour vers le passé... « un retour en arrière » en quelque sorte.

« Folie amoureuse ! Quel pléonasme !
L'amour n'est-il pas une folie ? »
Heinrich Heine, *Rêve d'une nuit d'été*.

Monopole exclusif

Si l'on ne sait pas que monopole (du grec *mono*, seul, et *pôlion*, vendre, droit de vendre seul certains produits) est devenu en français « le privilège exclusif de vendre, fabriquer ou d'exploiter certains biens ou services » ainsi que « la possession exclusive de quelque chose », on ignore qu'il est tout à fait inutile de lui ajouter l'adjectif exclusif (ce qui appartient à un seul) et ce pléonasme peut nous échapper.

Apanage exclusif

Nous venons de voir ce que signifie exclusif, encore faut-il connaître la définition d'apanage : « qui est le propre de quelqu'un ou de quelque chose, le privilège » pour pouvoir en déduire que l'apanage ne peut être qu'exclusif. La sophistication de ce vocable ne vous étonnera pas quand vous en saurez plus sur son origine féodale : au XVe siècle, ce mot désignait en effet la portion de domaine accordée à un prince pour compenser son exclusion du pouvoir. Ce principe avait pour but de régler les problèmes de succession et de garantir l'unité du royaume. Ce mot a une autre particularité, il peut s'employer aussi bien avec le verbe être : être l'apanage de (être le privilège de) qu'avec le verbe avoir : avoir l'apanage de (avoir l'exclusivité de).

près

Au maximum de son apogée

Que va vous répondre quelqu'un à qui vous demandez comment il exprimerait le fait qu'une personne a atteint ce qu'il y a de mieux dans son domaine ou qu'elle est au sommet de sa carrière, qu'il ou elle est « à son apogée » ou « au top » ? J'ai tendance à pencher pour la deuxième solution, car enfin l'usage du mot apogée est plutôt moins fréquent. Il faut dire que son origine astronomique lui confère un côté un peu savant : « point de l'orbite le plus éloigné de la Terre d'un corps qui gravite autour d'elle ». En tout état de cause, on voit bien qu'ajouter « au maximum » devant apogée n'est pas vraiment utile. Une petite précision, si votre interlocuteur est un adolescent, il se peut aussi qu'il réponde à votre question par un : « Il assure un max ! »

pluie

Averse de pluie

Est-ce parce que le mot averse ne désigne « une pluie abondante et soudaine » que depuis le milieu du XVIIIe siècle (on a d'abord dit « pluie d'abat », puis « averse d'eau ») ou parce qu'on nous parle parfois d'averse de grêle que parler d'averse de pluie ne me semble pas hautement condamnable ? Et après tout, ce n'est pas de notre faute si nous n'avons pas la chance d'habiter dans un de « ces pays imbéciles où jamais il ne pleut ».

Talonner de près

Le verbe talonner (dérivé de talon) a d'abord signifié frapper du talon, il a donc fort logiquement été adopté par les joueurs de foot et de rugby pour désigner le fait de frapper le ballon d'un coup de talon. De la même façon, les cavaliers qui, du talon ou de l'éperon, pressent les flancs de leur cheval pour le faire avancer, disent qu'ils le talonnent. Ça n'est donc que dans le cas où l'on est derrière quelqu'un, près de ses talons en quelque sorte que talonner signifie « poursuivre ou suivre de très près » et que dire talonner de près est malencontreux.

Pondre un œuf

« Elle pond un gamin tous les ans. » « Il a encore pondu deux bouquins cette année. » Je vous l'accorde, ces deux phrases manquent d'élégance, ce que nous précisent nos dictionnaires en nous indiquant que l'emploi du verbe pondre pour parler soit du fait de donner naissance à un enfant, soit de produire une œuvre est familier et péjoratif. Il n'en reste pas moins que pondre (du latin *ponere*, poser) ne signifie plus exclusivement le fait de faire des œufs et qu'il peut donc être parfois légitime de le préciser.

Mitonner lentement

Bien sûr, si vous vous adressez à un cordon bleu et lui expliquez qu'il doit faire « mitonner lentement » son pot-au-feu, il ne manquera pas de vous répondre : « Tu te moques de moi, comme si je ne savais pas que mitonner c'est faire cuire lentement, à petit feu ! » Mais dans un environnement plus habitué à la cuisson au micro-ondes, cette précision peut avoir son utilité. De plus, ce verbe mitonner a acquis un sens figuré qui désigne le fait de « préparer quelque chose avec soin et peu à peu », mais pas nécessairement lentement.

Mikado japonais

Vous revenez du Japon et vous dites à votre femme venue vous accueillir à votre descente d'avion : « Je n'ai pas rencontré le mikado japonais, mais j'ai rapporté un mikado japonais pour les enfants. » Ne vous étonnez pas si elle vous répond : « Mon chéri, si c'est l'empereur du Japon que tu regrettes de ne pas avoir rencontré, tu aurais dû te contenter de me dire que tu étais fort marri de ne pas avoir été reçu par le mikado, le Japon étant le seul pays à désigner son empereur par ce mot. En revanche, c'est fort gentil d'avoir pensé aux enfants, ils vont adorer ce petit jeu d'adresse d'origine japonaise mais qui aurait pu être fabriqué ailleurs qu'au pays du Soleil-Levant, par un artisan jurassien par exemple, et pourrait donc ne pas être japonais. »

umain

Personne humaine

On s'est beaucoup moqué, on se moque encore, de Marion Cotillard, pour avoir abusé de l'expression « belle personne », et je trouve cela parfaitement injuste, car ce n'est pas elle qui a commencé. Il y a belle lurette que, pour nous parler de quelqu'un sur qui ils n'ont rien de précis ou d'original à dire, ceux qui n'hésitent pas à les qualifier de belles personnes sont de plus en plus nombreux. Ah, si elle avait dit : « C'est une belle personne humaine », ce qui revient à dire : « un bel individu de l'espèce humaine humaine », je comprendrais qu'on la critique. Par ailleurs, si j'ai envie d'employer l'adjectif « humain » quand il qualifie quelqu'un de compréhensif et de bienveillant, j'ai bien le droit de trouver qu'une personne est humaine, non ?

« Le diable est dans les détails »,
Nietzsche.

Petit détail

Ça vous amusera sûrement de savoir qu'au XIIe siècle le verbe *detaller* en ancien français désignait le fait de « séparer les mèches de cheveux comme en les taillant » et que le mot détail apparaît à la fin du même siècle dans l'expression « vendre à détail » signifiant par petites quantités. Nous y voilà, le détail est devenu petit. Il est donc inutile de le qualifier ainsi. Cependant, petit ne veut pas dire négligeable, surtout si l'on en croit l'expression attribuée à Nietzsche : « Le diable est dans les détails » qui nous invite à nous en méfier car ils peuvent être source de complications ou d'ennuis.

coin

Se rencogner dans un coin

Ah, bien sûr si on disait « rencoigner » et non rencogner, on saurait tout de suite que ce verbe ne signifie pas « se cogner à nouveau » mais qu'il a un rapport avec le mot coin, on penserait peut-être même à l'encoignure (petit meuble triangulaire que l'on dispose dans l'angle d'une pièce, du latin *encoigner*, mettre dans un coin), du salon de sa grand-mère. Et quand on aurait envie de « se recroqueviller dans un coin », on dirait qu'on va se rencogner en évitant d'ajouter dans un coin. J'oubliais, tous mes dictionnaires précisent que ce verbe est familier, mais que cela ne vous empêche pas de l'employer.

Accalmie passagère, bourrasque de vent

Si vous êtes comme moi accro aux bulletins météorologiques, « l'accalmie passagère » vous est devenue familière. Pourtant, on peut se demander comment une accalmie qui est « un moment de calme momentané » pourrait être autrement que passagère ? Quant aux « bourrasques de vent » qui nous sont annoncées pour la fin de journée, puisqu'elles sont par définition des « coups de vent forts et de courte durée », il est tout à fait inutile de nous préciser qu'elles sont de vent. Mais nous critiquons déjà tellement leurs prévisions que reprendre les météorologues sur leurs compétences linguistiques risque de passer pour de l'acharnement. Alors, ne nous énervons pas et attendons qu'une « accalmie passagère des bourrasques de vent » nous autorise à partir à la plage.

saisir

Opportunité à saisir

L'opportunité étant le propre de ce qui est opportun, il est utile de savoir qu'opportun (du latin *ob*, objet, et *portus*, port) s'appliquait au vent « qui pousse vers le port » et que ce mot a pris dans le langage courant le sens de « ce qui vient à point, qui arrive à propos ». L'influence de l'anglais (*opportunity*) nous a conduit à l'opportunité qui a pris un sens encore plus positif d'« occasion favorable ». Alors peut-on vraiment nous reprocher, lorsque l'on rencontre cette « occasion favorable », d'avoir envie de s'en saisir ?

Contraint malgré lui

Il y a ceux qui font les choses « à l'insu de leur plein gré » et ceux qui agissent contre leur volonté, malgré eux, parce qu'ils sont dans l'obligation de le faire, qu'ils y sont contraints, ce qui peut aussi faire sourire bien sûr. Mais l'usage admet la locution « contraint et forcé » qui est largement aussi redondante. N'oublions pas l'autre sens de contraint qui désigne ce qui n'est pas naturel et acceptons cette formulation, même si c'est avec un « sourire contraint ». Après tout, si l'on se souvient de l'origine latine de contrainte *constringere*, enchaîner, tout cela est devenu moins grave, me semble-t-il.

« Le père Goriot regarda
tristement son ouvrage
d'un air triste... »,
Balzac, *Le Père Goriot*.
Ce n'est peut-être pas vraiment
un pléonasme, mais vous ne
m'empêcherez pas de penser que
c'est très redondant !

Jeu ludique

Le mot ludique (du latin *ludus* qui signifie jeu) a été retenu dans les années 1970 pour baptiser ludothèques des lieux où l'on prête des jeux et des jouets. Mais je m'interroge, pourquoi ne pas les avoir appelés « judothèques » ou « jeuxthèques » ? Cela aurait été plus difficile à écrire, mais on aurait tout de suite compris. Même si on en compte plus de 1200 aujourd'hui en France et qu'on s'y est habitué, j'aurais trouvé cela plus simple, non ? Et comme on n'arrête pas le progrès on a aussi créé des « parcours ludiques » qui sont des parcours où il est probablement obligatoire de jouer.

ludiqu

Relève de demain

La relève quand ce mot désigne les générations à venir ne peut guère être d'hier. Mais ne peut-on pardonner à ceux qui trouvent qu'elle tarde à venir et qui sont impatients d'être remplacés, c'est-à-dire relevés, de souhaiter qu'elle arrive « demain » et non après-demain ou encore plus tard ? Ainsi, j'ai le sentiment qu'ils sont fort nombreux à se battre pour une relève politique très prochaine qui leur permettrait de devenir « calife à la place du calife », comme l'Iznogoud de Goscinny. Quant aux candidats des différents concours de chant audiovisuels, ne sont-ils pas tous convaincus qu'ils vont assurer une relève artistique indispensable mais qu'ils souhaitent la plus rapide possible, pour demain au plus tard ?

Applaudir des deux mains

Les sondages ont remplacé l'applaudimètre pour mesurer notre satisfaction, il n'en demeure pas moins qu'applaudir, c'est-à-dire « battre des mains pour exprimer son approbation ou son admiration », reste un sport à la mode et que lorsqu'on se livre à cette activité, on fait nettement moins de bruit en battant d'une main que de deux. Cependant, si on a l'impression, à l'occasion d'un concert particulièrement réussi par exemple, que son voisin « applaudissait du bout des doigts », on peut se donner le droit de s'exclamer : « Moi, je trouve cette performance extraordinaire, alors j'applaudis des deux mains ! »

Piétiner sur place

Un: piétiner = frapper le sol en s'agitant sur place. Deux: quand une chose n'avance pas, on dit qu'elle piétine. Trois : piétiner c'est aussi remuer les pieds en avançant péniblement. Conclusion : ajouter « sur place » à « piétiner » n'est pas forcément redondant, la preuve, vous avez piétiné dans un cocktail et pendant trois heures vous vous êtes déplacé entre les différents groupes d'invités, vers le buffet ou encore derrière un pilier pour échapper à quelqu'un que vous n'aviez pas envie de voir... Et je ne parle pas de cette réunion interminable, où le débat s'enlisant, vous avez fini par laisser échapper, excédé : « Si cette discussion continue à piétiner sur place, je... »

Nos amis anglais, eux aussi, traquent les pléonasmes et ceux qu'ils relèvent ressemblent souvent aux nôtres, par exemple : "I saw it with my own eyes", littéralement « Je l'ai vu avec mes propres yeux », "I hear with my own ears" « J'entends avec mes propres oreilles » ou "Free gift" « cadeau gratuit ». En revanche, certains leur sont tout à fait propres. Ainsi nous ne disons jamais « sole poisson » ou encore « sardine poisson » alors que vous entendrez parfois un Anglais vous dire qu'il vient de manger un délicieux *Tuna fish burger*, ce qui se traduit pas « burger de thon poisson », le mot *tuna* étant le nom de ce poisson que je vous conseille de déguster autrement qu'en sandwich.

Chapitre 3

Les excusables

Ces pléonasmes très répandus sont parfois difficiles à détecter ainsi que leur origine et/ou la signification des mots qui les composent.

ertical

Chute verticale

On a le droit de dire que les chutes sont fréquentes, brutales, vertigineuses... mais on se répéterait en les qualifiant de verticales quand on parle de leur sens dans l'espace, sous prétexte que chute est le fait d'être entraîné de haut en bas et que vertical est le contraire d'horizontal ? Je ne suis pas d'accord. Prenons-les dans l'ordre. Les fréquentes chutes de cheval (pour être un bon cavalier, il faut tomber 77 fois 7 fois) : la trajectoire du cavalier que le coup de cul de sa monture a fait voler au-dessus de l'obstacle est d'abord horizontale avant qu'il ne se retrouve à plat ventre dans le sable. La courbe qui montre la chute brutale du prix du pétrole descend vers le bas mais elle n'est pas verticale. Même chose pour celle qui présente la chute vertigineuse de la cote de popularité d'un homme politique, elle peut s'incliner fortement vers le bas, mais elle n'est jamais verticale !

Taux d'alcoolémie

Comment voulez-vous que nous ne parlions pas de taux d'alcoolémie ? Publicitaires pour nous vendre des éthylotests, journalistes pour nous annoncer des records d'accidents de la route, tous, absolument tous, nous parlent de taux d'alcoolémie. C'est sans doute parce qu'ils pensent que nous sommes trop bêtes pour savoir ce que nous dit tout à fait officiellement le site de la Sécurité routière, à savoir que : « L'alcoolémie est le taux d'alcool présent dans le sang. Elle se mesure en grammes par litre de sang (analyse de sang) ou en milligrammes par litre d'air expiré (éthylomètre). »

Danger potentiel

«La peur n'évite pas le danger», dit la sagesse populaire. On n'est pas obligé de souscrire à cette affirmation, mais on peut en déduire que le danger est une menace et non quelque chose d'actuel, en train de se passer et qu'il est donc nécessairement virtuel, c'est-à-dire potentiel. Et puisque comme on le lit parfois, « le pire n'est jamais certain », cela ne fait pas de mal de se rassurer avec cet adjectif potentiel, même s'il n'a rien à faire là.

« Moche de chez moche »,
je ne vous inflige ce triste
et approximatif pléonasme
que parce qu'il me donne
l'occasion de me souvenir
de cette amie à qui l'on reprochait
son indocilité qui répondait
en disant qu'elle préférait
« être belle et rebelle plutôt
que moche et remoche ».

Au grand maximum

Selon le contexte, au maximum peut signifier « dans le pire des cas », « au plus haut degré » ou « au plus », ajouter l'adjectif grand ne s'impose donc pas, sauf si on a envie d'insister sur le fait que le maximum dont on veut parler est vraiment la pire chose qui puisse arriver : « Vous devriez avoir au grand maximum cent invités » ou le point le plus élevé que l'on puisse imaginer : « Je peux te prêter mille euros, au grand maximum. » Dans le premier cas, vous répondez : « J'espère bien, j'ai dit au traiteur qu'on serait quatre-vingts » et dans le second : « C'est déjà beaucoup, je te remercie. »

Orthographe correcte

L'amoureux des mots que je suis, heurté par toutes les « fote daurtografe quil voua par tou qi leu dézolle* », n'ignore pas que l'une des définitions du mot orthographe (du grec *orthos* droit, correct et *graphe* écrire) est fort justement « la manière correcte d'écrire un mot ». Mais dans la mesure où l'on entend sans cesse parler de l'orthographe déplorable de nos enfants, même un ardent défenseur de la langue peut accepter qu'on laisse échapper cette répétition. Et je suis tellement d'accord avec Bernard Pivot quand il dit : « Mieux vaut avoir un incontestable talent d'écrivain et commettre des fautes dans l'écriture des mots qu'avoir une orthographe irréprochable mise au service d'un style médiocre » *(Les Mots de ma vie)*.

** Si vous avez l'habitude de regarder blogs et autres tweets, vous verrez que j'exagère à peine.*

revolv

Revolver à barillet

Personne n'ignore qu'un revolver (de l'anglais *to revolve*, tourner) est une arme à feu, mais on sait moins que le nom du magasin cylindrique qui contient les cartouches est barillet, on est donc tout à fait excusable d'ajouter cette précision évidemment inutile.

Unanimité totale

Dans un pays comme le nôtre où tout le monde a un avis sur tout, il est extrêmement difficile de faire l'unanimité (du latin *unanimus*, composé de *unus*, un et de *animus*, principe pensant), c'est-à-dire d'« obtenir un accord complet, un avis commun à tous », alors comment condamner quelqu'un qui, y parvenant, se félicite d'une telle prouesse et la qualifie de totale, même si c'est... redondant ? Comment ne pas accepter aussi qu'on se félicite d'être tous unanimes même si ça l'est tout autant ? Et puis, dans la mesure où l'on peut être élu à l'unanimité moins deux voix, cela ne signifie-t-il pas que l'unanimité n'est pas toujours totale ?

Consensus commun

Faute d'unanimité si difficile à obtenir, on peut toujours se contenter d'un consensus, la question étant de savoir s'il peut être commun. Évidemment, puisque consensus désigne « un accord, un consentement du plus grand nombre, l'opinion d'une large majorité », on imagine mal qu'il puisse se faire autrement qu'à plusieurs, donc en commun. Alors, essayons d'éviter de qualifier le consensus de commun et choisissons d'autres adjectifs comme « large » ou « général », même si certains en usent et en abusent parfois. Quant à « universel », je laisse à Raymond Queneau la responsabilité de sa définition : « Consensus universel : l'accord des "on" ».

Incompatibilité d'humeur. Vous ne l'avez peut-être pas remarqué mais le mot « ensemble » cohabite très mal avec les mots commençant par co-, col-, con-, com-. Ces quatre préfixes, du latin *cum*, signifient « avec » et, « ensemble », dont la définition est : « l'un avec l'autre » veut dire exactement la même chose. On ne dit donc pas « cogérer ensemble » puisque cogérer = gérer en commun, ni « collaborer ensemble » puisque collaborer = travailler avec quelqu'un, ni « se concerter ensemble » puisque se concerter = s'entendre avec une ou plusieurs personnes et encore moins « comparer ensemble » puisque comparer consiste à « envisager ensemble plusieurs choses pour en chercher les ressemblances et les différences ».

Payer sa part d'écot

Si l'on sait tous que payer son écot consiste à « apporter sa contribution à une dépense commune », on a le droit d'ignorer que ce mot est issu du francique *skot* (impôt), devenu escoter (payer sa part) et signifie aujourd'hui précisément « quote-part d'un convive dans un repas commun ». Donc, c'est simple, quand on a payé son écot, on n'a plus besoin de payer sa part.

Se cotiser à plusieurs

Se cotiser (dérivé verbal du mot « cote » emprunté au latin *quota* « part qui revient à chacun ») consiste à rassembler la somme nécessaire à l'achat d'un cadeau fait à plusieurs. Il en découle, évidemment, que l'on ne peut en aucun cas se cotiser tout seul. Mais réunir la part de chacun peut parfois s'avérer compliqué, et finalement ce « à plusieurs » inutile est peut-être là pour prévenir l'organisateur de la collecte qu'il va avoir fort à faire.

Encore un pléonasme poétique
que l'on trouve chez Aragon,
dans « La Rose et le Réséda »,
dédié à Gabriel Péri, Honoré
d'Estienne d'Orves, Guy Môquet
et Gilbert Dru
« … Et leur sang rouge ruisselle
même couleur même éclat… »

Hémorragie sanguine

Certes, il est indéniable que par définition une hémorragie est « un écoulement abondant de sang (du grec *haima*) causé par la rupture (du grec *rhâgé*) ou la perméabilité de vaisseaux ». Mais si une hémorragie, quand il s'agit du domaine médical, est donc forcément sanguine, le mot a depuis un certain temps servi à désigner d'autres choses. D'abord la perte de vies humaines, c'est d'ailleurs dans ce sens que l'emploie Victor Hugo dans *Quatre-vingt-treize*, puis, plus généralement, une déperdition importante, une fuite : hémorragie de capitaux, de clients, de main-d'œuvre, hémorragie du temps…

sangu

vrai

S'avérer vrai

Si vous écoutez bien, le son de ce mot avérer ne vous rappelle-t-il pas quelque chose, des mots comme « vérité » ou comme « vrai » ? C'est normal puisque, comme ces deux mots, il s'est formé à partir du latin *verus* (vrai), et donc a priori dire s'avérer vrai reviendrait à dire deux fois la même chose. Mais j'ai du mal à trancher car pour une fois mon Petit Robert et mon Petit Larousse ne sont pas tout à fait d'accord. Si tous les deux définissent l'adjectif avéré de la même façon : « reconnu vrai », le premier nous indique que s'avérer signifie : « être avéré, confirmé, puis se révéler », le second nous donne comme seule définition : « révéler son caractère », ce qui d'après moi m'autoriserait à dire « s'avérer faux », et si je peux dire s'avérer faux, je peux dire s'avérer vrai, non ?...

ine

Faux prétexte

Un prétexte (du latin *praetextus*, allégation pour excuse) signifiant « une raison mise en avant pour justifier un acte, un comportement, pour dissimuler la vraie cause d'une action » est donc quelque chose qui « n'est pas ce qu'il paraît être », ce qui est la définition de « faux ». Un vrai prétexte serait donc difficile à trouver, n'est-ce pas ? Cependant, prétexte pouvant aussi désigner « l'occasion de faire quelque chose », rien ne vous interdit de dire que « la chaleur et un bon déjeuner sont de vrais prétextes à une bonne sieste ». Et sur ce sujet, laissons le dernier mot à Amélie Nothomb, dans *Péplum* : « Il y aura toujours dans la foule un crétin qui, sous prétexte qu'il ne comprend pas, décrétera qu'il n'y a rien à comprendre. »

Sinueux méandres

C'est parce que le fleuve grec Maiandros avait un cours très sinueux que le latin a emprunté ce mot, en le modifiant en *maender*, pour désigner une sinuosité. Le français s'en est emparé ensuite pour baptiser méandres les courbes d'un fleuve ou d'une rivière. Mais vous m'accorderez que c'est de l'histoire bien ancienne et que ces deux mots sont plutôt jolis à entendre, non ? Par ailleurs, si j'ai envie de critiquer le manque de clarté d'un discours et qu'en plus je le trouve malhonnêtement tortueux, je ne vois pas pourquoi on m'empêcherait de glisser subrepticement à mon voisin, sans que personne n'entende bien sûr : « Les “méandres sinueux” de cette allocution m'insupportent. »

Cabriolet décapotable

Si votre cabriolet n'est pourvu ni d'une capote ni d'un toit escamotable, je suis désolé, mais ça n'est pas un cabriolet puisque ce mot, qui signifiait autrefois un véhicule hippomobile muni d'une capote amovible, désigne aujourd'hui une automobile décapotable. Mais vous êtes excusable si, comme moi, vous n'êtes pas fanatique des voitures et ne faites pas la différence entre une berline, un coupé, un 4X4, un SUV, un break et que sais-je encore... ? Du moment que ça roule...

Extrait tiré de...

Il y a ceux qui empruntent sans vergogne à leurs prédécesseurs, et aujourd'hui à Internet, pour enrichir leurs discours et ceux qui citent consciencieusement leurs sources. Personnellement, je préfère ces derniers, même si en voulant bien faire, ils en font trop en nous précisant que l'extrait qu'il nous livre est tiré de... Eh oui, c'est trop puisqu'en matière d'extrait, il n'y a pas de génération spontanée, un extrait étant un « passage tiré d'une œuvre existante » qu'il s'agisse d'un livre, d'un film, d'un discours...

cabrio

Vieilles hardes

Les hardes étant des « vêtements pauvres et usagers », il y a fort à parier qu'ils sont forcément vieux. En même temps, ce mot n'est plus vraiment à la mode et on n'a plus tellement l'occasion de l'employer. Je vous propose donc de le remplacer par quelques autres, tout aussi évocateurs : haillons, guenilles, loques, nippes... pour n'en citer que quelques-uns et qui ont l'avantage sur hardes de pouvoir s'employer au singulier, alors que hardes est nécessairement au pluriel. Au singulier, il peut désigner un « troupeau d'animaux sauvages qui vivent ensemble, chevaux, cerfs, daims » et en vénerie « le lien, appelé couple, avec lequel on attache les chiens » et « les couples de chiens attachés ainsi ».

Inaugurer l'ouverture

Soit on inaugure une bibliothèque, soit on célèbre son ouverture, mais en principe on n'inaugure pas son ouverture. Pour les deux raisons suivantes : inaugurer (emprunté au latin classique *inaugurare*, prendre les augures, consacrer) a d'abord eu un sens religieux (il s'agissait de consacrer un prêtre par exemple) avant de s'appliquer à la consécration d'un lieu public et à sa mise en service officielle et le sens d' ouverture dont il est question ici est précisément celui d'inaugurer, par exemple : « La cérémonie d'ouverture du Festival de Cannes ». Mais, comme moi, vous avez sûrement été convié plusieurs fois à inaugurer l'ouverture d'un endroit quelconque et cela ne vous a pas empêché de vous y rendre. Remarque : on peut aussi « inaugurer les chrysanthèmes ».

Je suis sûr que vous connaissez
cette citation d'Arletty,
mais je m'en voudrais
de la garder pour moi :
« Fermer les maisons closes,
c'est plus qu'un crime,
c'est un pléonasme. »

Édile municipal

C'est à l'occasion des inaugurations dont nous venons de parler que vous avez le plus de chance de rencontrer un édile et vous serez peut-être tenté de le qualifier de municipal en vous apercevant qu'il est le maire d'une commune voisine. Mauvaise pioche, un édile étant un « magistrat municipal », ce qualificatif est manifestement superflu. À votre décharge, on dit « Passer devant Monsieur le maire » et non « Passer devant Monsieur l'édile ».

perso

Moi personnellement

C'est vrai moi et personnellement disent la même chose, mais, à mon avis, c'est d'abord une question de fréquence d'emploi : si quelqu'un ponctue toutes ses phrases de ce moi personnellement, il me semble qu'une psychanalyse s'impose. En revanche, dire moi personnellement, pour insister sur le fait que l'argument que l'on avance ne concerne que soi, personnellement, je n'y vois pas d'inconvénient. Vous avez sûrement remarqué que pour vous donner mon sentiment sur ce sujet, j'ai écrit : à mon avis, il me semble, personnellement, c'est qu'en effet, il existe une multitude de formulations qui peuvent vous éviter de dire moi personnellement : en ce qui me concerne, à titre personnel, de mon point de vue, pour moi...

Rafale de vent

Peut-on vraiment nous reprocher d'avoir oublié l'origine marine du mot rafale (de l'italien *raffica*, brusque coup de vent, et du français affaler, être porté par le vent sur la côte) ? Dans la mesure où, peu à peu, ce mot a désigné les coups répétés tirés par une arme, puis tout ce qui arrive successivement de façon rapide et bruyante : une rafale de questions, une rafale d'applaudissements et même une rafale de neige, de grêle... et de pluie (vous savez, cette pluie soudaine et intense qui est tombée sur la tête de votre femme alors qu'elle sortait de chez son coiffeur ruinant son brushing et qu'elle est tout à fait autorisée à qualifier de rafale de pluie dévastatrice), je ne vois pas pourquoi on vous empêcherait de préciser que vous avez affronté des rafales de vent lors de votre balade à la pointe du Raz.

rafale

« Tu auras toujours le dernier mot,
mais jamais tu ne parleras la première. »
Héra.

Écho sonore

D'après Ovide, lorsque Zeus trompait son épouse légitime Héra, la nymphe Écho, pour détourner l'attention de celle-ci, bavardait sans cesse avec elle. Pour la punir, Héra la condamna en ces termes : « Tu auras toujours le dernier mot, mais jamais tu ne parleras la première. » C'est ainsi que l'écho est devenu la répétition d'un son et qu'il est donc sonore. En même temps, ce mot, au fil du temps, s'emploie dans de nombreux autres contextes et l'on peut excuser cette répétition. Ainsi, si vous avez propagé une rumeur par écrit, et donc sans son, on n'en dira pas moins que vous vous êtes fait l'écho de cette nouvelle. Que votre intervention ait suscité quelque tumulte est une autre histoire !

Constellé d'étoiles

Évidemment, si on en revenait toujours au bas latin, ce constellé (de *cum* avec, et de *stella* étoile) serait transparent. Mais bon, le bas latin, je ne sais pas vous mais moi… j'ai un peu oublié et j'avoue que je me suis parfois laissé aller à m'esbaudir sous un ciel d'août et à me repaître des beautés de la nature en admirant au-dessus de ma tête un ciel constellé d'étoiles ! En revanche, je ne peux pas m'empêcher de trouver ma belle-sœur un peu prétentieuse quand elle reproche à son mari d'avoir une chemise constellée de taches.

noeud

Faire x nœuds à l'heure

Pourquoi diable dit-on kilomètre à l'heure et non nœud à l'heure ? Parce que kilomètre est une unité de mesure de vitesse alors que le nœud est une unité de vitesse. Mais si l'on n'est ni marin ni aviateur, on ne peut pas le savoir. On sait d'ailleurs encore moins qu'un nœud correspond à 1 mille marin (1,852 kilomètre) à l'heure et que le nœud sert non seulement à mesurer la vitesse des bateaux mais aussi celle des avions, des vents et de tout ce qui se déplace dans l'air... On peut aussi ignorer qu'autrefois, pour calculer la vitesse de leur embarcation, les marins ne disposaient que d'une planchette amarrée à un cordage comportant des nœuds régulièrement espacés et d'un sablier. C'est en comptant les nœuds pendant un temps mesuré par le sablier qu'ils connaissaient leur vitesse.

heure

Belle calligraphie

Comment une calligraphie pourrait-elle être autrement que belle puisque ce mot désigne « une belle écriture élégante et bien formée » ? Bien sûr si l'on sait qu'il vient du grecs *kâllos* (beauté) et *graphein* (écrire), c'est tout de suite plus simple, mais pense-t-on au grec quand on admire un manuscrit magnifiquement orné du XVIIe siècle comme la célèbre *Guirlande de Julie*, ou quand on s'évertue à agrémenter de figures d'animaux, de fleurs ou d'arabesques des lettres majuscules ou des initiales dans l'un des nombreux ateliers de calligraphie en France où cet art est de plus en plus prisé ? Non, on s'applique tout simplement pour produire quelque chose de très beau.

« Puis s'esclaffoyent de ryre »,
La vie très horrifique du grand Gargantua,
Rabelais.

S'esclaffer de rire

On peut dire qu'on éclate de rire mais dans la mesure où s'esclaffer (de l'ancien languedocien *esclafa*, éclater, qui vient lui-même de *clafa*, frapper bruyamment) signifie « rire bruyamment », on pourrait vous reprocher de dire que le dernier bon mot de votre comique préféré ayant déclenché votre hilarité, vous vous êtes esclaffé de rire. Mon conseil, au grincheux qui vous ferait cette remarque désobligeante, n'hésitez pas à rétorquer que Rabelais l'ayant dit avant vous, c'est dans *La vie très horrifique du grand Gargantua* : « Puis s'esclaffoyent de ryre », vous vous sentez tout à fait à l'aise avec cette formulation.

rire

unique

Seul et unique

Si l'on considère qu'unique est « seul en son genre » et que seul signifie « qui est unique de son espèce », seul et unique, cela fait un peu beaucoup bien sûr ! Mais seul peut aussi signifier tellement d'autres choses : « qui est isolé, solitaire, qui est séparé des autres, sans compagnie, à l'exclusion des autres... » et unique peut aussi vouloir dire : « qui est infiniment au-dessus des autres, qui possède des caractères qu'aucun autre ne présente, qui est foncièrement différent des autres... », seul et unique devient plus fréquentable et peut même se révéler très précieux. Par exemple, ces quelques rares individus qui avaient prévu qu'un événement auquel personne ne s'attendait allait survenir n'ont-ils pas le droit de s'exclamer : « Je suis le "seul et unique" à avoir prévu... la chute du mur de Berlin..., la crise des *subprimes*..., l'élection de Donald Trump... »

seul

Forum de discussions

On peut discuter tout seul, c'est sûr, mais s'il s'agit de se s'interroger sur la couleur de la cravate que l'on va mettre pour l'anniversaire de sa belle-mère ou de la nécessité de changer de voiture, on le fait généralement dans l'intimité de sa salle de bains. En revanche, lorsqu'on souhaite confronter ses idées ou ses jugements à ceux des autres, la discussion doit se déplacer dans l'espace public. Il n'est plus question de le faire comme les Romains et les Grecs qui se réunissaient sur les places de leurs villes, « les forums », mais d'aller sur la multitude de sites qui rassemblent les messages des internautes friands de faire connaître leur avis et de le partager. Ces sites devraient évidemment être appelés « groupes ou lieux de discussions » et non « forums », mais cela ne gêne manifestement personne.

Autorisation préalable

Vos enfants le savent, s'ils ne vous demandent pas la permission ou l'autorisation de vous emprunter votre voiture avant (soit au préalable) d'emmener leurs copains se promener dans votre automobile, les choses risquent de mal se passer. De même qu'il est fortement déconseillé d'effectuer des travaux importants dans sa résidence secondaire avant d'avoir demandé (et reçu) les autorisations nécessaires. Alors, bien sûr, préciser qu'une autorisation est préalable est parfaitement inutile mais ne vaut-il pas mieux insister sur le fait pour s'éviter bien des problèmes ?

Dune de sable

Pour faire une dune, il faut impérativement du sable (fin de préférence) et du vent qui, en transportant ce sable, forme une butte ou une colline que l'on appelle dune. On ne le sait pas forcément sauf si on a lu *La Nuit des temps* de René Barjavel bien sûr : « Les pentes de ses hanches étaient comme celles de la dune la plus aimée du vent de sable qui a mis un siècle à la construire de sa caresse. » Pour information, le sable de la célèbre dune du Pilat est essentiellement constitué de grains de quartz d'environ 0,3 mm.

Chapitre 4

Les excusés

Les institutions, l'usage et même les dictionnaires finissent parfois par légitimer des pléonasmes qui auraient dû rester à l'écart de la langue. Mais je ne suis pas plus royaliste que le roi et je donne l'absolution à ceux qui les emploient.

Casque bleu de l'ONU

C'est pour qu'on puisse les différencier des autres militaires que les soldats de l'ONU portent des casques bleus. Peu à peu, casque bleu est devenue l'expression qui désigne ces soldats, ce qui devrait empêcher quiconque de préciser leur appartenance à la Force de maintien de la paix de l'Organisation des Nations unies. Ce n'est évidemment pas le cas, mais en ce qui me concerne, je ne trouve pas forcément inutile de rappeler cette appartenance.

Statu quo actuel

Bien sûr que si l'on connaît la locution latine entière *in statu quo ante* formée de *in* (dans), *statu* (position, situation), *quo* (qui) et *ante* (avant), et sa signification première utilisée en diplomatie : « dans l'état où les choses étaient auparavant », il est facile d'en déduire que son abréviation statu quo désigne l'état actuel des choses. Mais par ailleurs comment faire remarquer à une amie vous racontant qu'elle « essaie de maintenir le statu quo actuel » dans son couple qu'elle commet un affreux pléonasme, sans passer pour pédant et bien peu sensible à ses malheurs ?

Bref résumé

Chaque fois qu'elle vient vous raconter le dernier potin local, votre voisine vous noie sous un flot de paroles. Un jour, exaspéré par sa logorrhée, vous l'interrompez : « Vous ne pouvez pas m'en faire un bref résumé ? » Elle prend un air supérieur : « Mais vous ne savez pas qu'un résumé est toujours bref ? »
Ce n'est pas pour la défendre, mais la réalité linguistique m'oblige à dire qu'elle n'a pas tout à fait tort puisqu'un résumé étant un « abrégé, une façon de présenter quelque chose brièvement (brièvement ou de manière brève, vous me suivez ?), il est évidemment bref ». En tout état de cause, un résumé peut être plus ou moins long et la connaissant, on peut être sûr que le sien le serait, ce qui vous donne le droit de donner cette précision. D'autre part, rien ne vous interdit de lui répliquer que vous avez fait usage d'un « pléonasme volontaire » (voir page 21) pour donner plus de force à votre propos.

camp

Campus universitaire

C'est à l'université de Princeton, au début du XVIIe siècle, qu'est apparu le mot campus. Les Américains l'ont emprunté au latin *campus* (champ) pour désigner l'espace où ils avaient rassemblé les bâtiments et les infrastructures de l'université. Quand cette façon d'installer sur un même espace les salles de cours et de recherche, les bibliothèques, les restaurants et les résidences universitaires est arrivée en Europe, le mot a suivi. Est-ce parce qu'on a cru que campus n'était pas assez évocateur pour le commun des mortels que l'on s'est mis peu à peu à lui adjoindre l'inutile adjectif d'universitaire ? Toujours est-il que l'expression ne choque plus personne, y compris les principales intéressées, les universités, qui vantent les mérites et les installations de leurs campus universitaires.

Krach boursier

J'avais décidé de ne pas parler des choses qui fâchent mais comment laisser de côté cette expression qui rythme les discours de nos plus grands économistes ? Ce mot nous vient de l'allemand *krach* (craquement, ça n'est pas drôle !) et c'est à l'occasion de l'effondrement des cours de la Bourse de Vienne en 1873 qu'il aurait été employé pour la première fois. Ce petit rappel historique pour montrer que ce craquement ne s'appliquait à l'origine qu'à la situation particulière, pour ne pas dire calamiteuse de la Bourse. Est-ce parce que les catastrophes financières se sont multipliées depuis cette date que le mot peut s'appliquer maintenant aux débâcles d'autres institutions, les banques, par exemple. Il n'est donc plus inutile de préciser que le krach dont on parle est boursier.

« Sultan Léopard autrefois / Eut, ce dit-on, par mainte aubaine / Force bœufs dans ses prés, force cerfs dans ses bois… », La Fontaine, dans la fable *Le Lion*.

Bonne aubaine

Le droit d'aubaine, en vigueur en France au Moyen Âge et sous l'Ancien Régime, était un droit en vertu duquel le seigneur du lieu ou le roi héritait des biens d'un aubain (étranger non naturalisé) décédé sans postérité. La Fontaine dans la fable *Le Lion* s'en serait inspiré pour désigner sous le mot aubaine un profit inespéré : « Sultan Léopard autrefois / Eut, ce dit-on, par mainte aubaine / Force bœufs dans ses prés, force cerfs dans ses bois… », apportant ainsi un sens figuré à ce mot. On ne peut plus douter après cela qu'une aubaine soit une bonne chose, mais je suis tellement méfiant face à l'afflux d'offres promotionnelles, de soldes et de toutes sortes d'autres manœuvres du marketing, qui me font espérer l'affaire mirifique, que je ne me laisse tenter que si j'ai le sentiment que l'affaire proposée va être une bonne aubaine et pourquoi pas une excellente aubaine !

Dernier baroud d'honneur

C'est la Légion étrangère qui a emprunté le mot berbère *barud* qui signifiait poudre explosive pour désigner dans son argot le combat, la bagarre. Et lorsque ces militaires s'engageaient dans une bataille perdue d'avance mais qu'ils livraient uniquement pour sauver l'honneur, ils la baptisaient de baroud d'honneur. Ce combat symbolique était donc par définition le « dernier ». On imagine mal, un premier, puis un second baroud d'honneur, mais on n'est pas non plus obligé de connaître l'histoire de la Légion étrangère ! Les Allemands qui traduisent parfois baroud d'honneur par *letztes Hurra*, littéralement « le dernier hourra », ont moins de risque de commettre ce pléonasme.

Conclaves de cardinaux

Il y a ce que tout le monde sait : pour élire un nouveau pape, les cardinaux se réunissent dans la chapelle Sixtine et communiquent le résultat de leur vote par l'intermédiaire d'une cheminée d'où s'échappe une fumée blanche s'il est concluant, une noire tant qu'il ne l'est pas. Mais on a le droit d'ignorer que le sens premier du mot conclave (pièce fermant à clef) a disparu au XVIIe siècle et qu'aujourd'hui, ce mot désigne à la fois l'assemblée des cardinaux qui se réunissent pour élire un nouveau pape et le lieu où se tient cette élection et que, par conséquent, il ne peut pas y avoir de « conclave » sans « cardinaux ».

Encyclique papale

Restons à Rome. La définition de l'encyclique donnée par la Conférence des Évêques de France: «Lettre solennelle du pape adressée à l'ensemble de l'Église catholique ou plus spécifiquement à une des parties d'entre elles, évêques, clergé, fidèles», nous montre bien que qualifier une encyclique de papale est tout à fait impropre. Mais ce qui peut nous troubler c'est qu'on ne parle pas de l'autre type de lettre solennelle rédigée par le pape sans dire «bulle papale». Explication: il faut d'abord savoir que c'est la forme ronde du sceau qui cachetait cette lettre qui lui a donné son nom et que le mot a peu à peu désigné toutes sortes de choses, de la bulle de savon à la bulle de chewing-gum en passant par la bulle de BD, la bulle médiatique ou la bulle financière. Il ne s'agirait donc pas de confondre !

Parc arboré, patio intérieur

« À saisir. Superbe propriété au milieu d'un parc arboré. Patio intérieur. » Pour certains, cette annonce comporte deux pléonasmes. Ils vous diront qu'un parc étant un espace boisé et qu'arboré qualifiant un espace planté d'arbres, un parc est par définition arboré, de la même façon qu'un patio ne peut pas être extérieur puisqu'il s'agit d'une cour intérieure. Mais c'est qu'ils oublient que le mot parc peut désigner énormément d'autres choses : du parc à bétail au parc de stationnement, en passant par le parc à huîtres et le parc informatique. Il est normal que notre agent immobilier souhaite faire rêver ses clients en leur donnant cette précision. Je vous accorde que le patio intérieur est moins défendable, mais ce marchand s'est sans doute aperçu que l'on nommait de plus en plus souvent patio des terrasses et des espaces ouverts et il a voulu insister sur le fait que ce qu'il proposait était bien un espace intérieur sur lequel s'ouvrent les différentes pièces de la maison. C'est bien son droit après tout.

parc

« […] C'est un roc !… c'est un pic !…c'est un cap !/Que dis-je, c'est un cap ?… C'est une péninsule ! »
Ces vers d'Edmond Rostand dans *Cyrano de Bergerac* ne sont peut-être pas vraiment pléonastiques, mais ils s'en rapprochent.
Ah, laissez-moi profiter de l'occasion pour vous signaler que l'on a dit d'une tournure contenant un ou des pléonasmes qu'elle était « pléonasmique » jusqu'au XVIe siècle, mais qu'aujourd'hui, on doit impérativement dire « pléonastique ».

But final

Bien sûr, si pour désigner l'objectif vers lequel on tend, la cible que l'on vise ou la finalité d'une action, parler de but final est redondant. Il n'en est pas de même si un commentateur sportif enthousiaste s'exclame : « Et c'est le but final ! ». On n'a pas besoin d'être un supporter de football, ni même de faire la différence entre les championnats de différents niveaux, ou de je ne sais quelle coupe, pour comprendre que cette voix qui s'égosille annonce qu'un footballeur vient de faire entrer le ballon là où il faut et que le match étant quasiment terminé aucun autre ne pourra plus le faire. Il ne s'agit pas de n'importe quel but, c'est le dernier but, celui qui est final (à la fin), et il faut bien qu'il le précise.

Topographie des lieux

Si j'osais, je vous dirais que je vais vous faire un « topo » (abréviation familière pour exposé) sur le mot topographie. Allez, j'ose. Ce mot, du grec *topographia*, de topo, région, lieu, et *graphia*, graphie, désigne évidemment la description d'un lieu ou sa représentation sur un plan et l'on peut difficilement faire la topographie d'autre chose. Cela n'empêche pas cette expression d'apparaître assez fréquemment, est-ce parce que ceux qui l'emploient ont peur de notre ignorance qu'ils ajoutent ce « des lieux » parfaitement inutile ?

Fétu de paille

« Fétu » (du bas latin *festucum*, variante du latin classique *festuca*, brin de paille) a conservé ce sens de « brin de paille » jusqu'à aujourd'hui, donc, je veux bien admettre qu'un « fétu de paille » est tout à fait incongru. Sauf que, en prenant le sens figuré de « chose de très peu d'importance », le mot est devenu sibyllin tout seul et qu'il ne nous viendrait plus à l'idée, même si c'est redondant, de dire d'une personnalité, dont la médiatisation à fait long feu, qu'elle a été « emportée comme un fétu », sans ajouter « de paille ».

Le gîte et le couvert

Parce qu'il vient du verbe gésir (être couché), le gîte désigne l'endroit où l'on peut se coucher, se loger. Quant au mot couvert, il désignait le mot « toit » au XVIe siècle. Au sens strict, le gîte et le couvert est donc un pléonasme et certains savants nous expliquent que si l'on veut dire que l'on offre à quelqu'un de la nourriture et un lieu où dormir, il faut lui proposer « le vivre et le couvert », expression qu'on n'entend plus guère. Je ne suis pas philologue, mais il me semble que si le gîte et le couvert a fini par s'imposer, c'est que l'on s'est mis à entendre par « couvert » non plus le toit mais les ustensiles qui servent à se restaurer. Dans ces conditions, faites comme moi, ne voyez plus de répétition dans cette expression et proposez le gîte et le couvert sans complexes !

Débat participatif

Un « débat » (ou discussion) auquel personne ne participerait (ne prendrait part), vous en conviendrez avec moi, n'aurait plus rien d'un débat, c'est pourquoi j'ai longtemps lutté contre l'emploi de cette formule, mais je baisse les bras.
En ces temps de démocratie participative, l'expression ne semble plus gêner personne et tous les partis politiques, les organismes de formation, les médias s'y mettent. On passe son temps à vous convier à un « Débat participatif et citoyen à Paris (ou à Lille, ou à Dijon..) », on vous propose de vous former pour « Organiser des débats et concertations publics participatifs », on s'interroge : « Débats participatifs : populisme ou démocratie rénovée ? » Alors, j'ai fini par m'habituer et vous aussi sans doute !

« Il n'y a point de panacée universelle
pour le chagrin »,
Chateaubriand.

Panacée universelle

Certains puristes continuent à classer cette expression dans les pléonasmes à éviter, ça les regarde. En ce qui me concerne, je dois avouer que j'ai ignoré longtemps que panacée, de par ses origines grecques et latines à la fois, qu'il serait fastidieux de vous relater ici, désignait « un remède universel à toutes les maladies » et que j'avais donc complètement tort de parler de panacée universelle. En même temps, est-ce que ces puristes savent que Chateaubriand a écrit « Il n'y a point de panacée universelle pour le chagrin », que Balzac dans *César Birotteau* parle d'un « cabinet où résidait la panacée universelle, le crédit ! » ? Je n'en sais rien, mais en tout état de cause, il me semble que ces précédents peuvent nous autoriser à utiliser ce pléonasme si l'envie nous en prend.

Dresser les cheveux sur la tête

On vous dira qu'il y a peu de chance pour que vos cheveux se dressent sur un autre endroit de votre corps que sur votre tête : vous n'en avez pas ailleurs, n'est-ce pas ? En même temps, vous vous voyez dire : « Il m'a raconté des horreurs à faire dresser les cheveux ! » Alors de grâce cessons de couper les cheveux en quatre et employons cette expression sans complexe. Oh, mais, excusez-moi, je m'aperçois que j'ai été un peu vite, certains peuvent avoir « un cheveu sur la langue », mais c'est une autre histoire !

Incessamment sous peu

Je vous jure que j'ai essayé de toutes mes forces de me battre pour que l'expression « incessamment sous peu » reste ce qu'elle est, une répétition inacceptable, puisque « sous peu » est un des synonymes d'incessamment. J'ai lutté, lutté, jusqu'au moment où je me suis aperçu de l'efficacité de la formule aussi bien auprès d'un plombier récalcitrant que je menaçais de faire le siège de son atelier s'il ne venait pas réparer la fuite de mon installation incessamment sous peu que de la fonctionnaire des impôts à qui je promettais de régler incessamment sous peu mon dû, si elle acceptait de ne pas me compter de pénalités de retard. Ce que c'est que d'être intéressé tout de même !

Suites conséquentes

Ah, cet adjectif conséquent, lui aussi m'a donné du fil à retordre. Fort de son origine latine *consequens* (qui suit) et de la signification qui en découle : « qui raisonne avec esprit de suite, avec logique », j'ai pendant longtemps repris les personnes de mon entourage avec cette phrase péremptoire : conséquent veut dire logique lorsqu'elles me parlaient d'une « somme conséquente », de « dégâts conséquents » pour dire que l'une comme les autres étaient « considérables ». Rien n'y a fait et j'ai bien peur que même mes dictionnaires préférés ne finissent par abandonner la mention « emploi critiqué » dont ils accompagnent la définition de conséquent dans le sens d'important ou de considérable, l'usage de ce sens ne cessant de se répandre. Alors, pour ce qui est de l'incongruité de ces suites qui ne peuvent par être autrement que conséquentes, je baisse les bras.

Black-out le plus absolu

Il ne vous a pas échappé que *black-out* nous vient de l'anglais *blackout* (*black*: noir, *out:* complètement) et vous savez aussi que ce mot désignait à l'origine une mesure de défense aérienne commandant l'obscurité absolue. Mais depuis qu'il est entré dans le langage courant, le sens de *black-out* a évolué et sert à décrire le fait de faire silence sur quelque chose, de le tenir secret. Donc, me direz-vous, un *black-out* est toujours « le plus absolu », en effet, mais croyez-vous vraiment qu'aujourd'hui une information quelle qu'elle soit peut passer au travers du filet et ne pas filtrer, voire fuiter, voire « buzzer » et que le *black-out* a de plus en plus de mal à être absolu ?

absolu

out

Complètement et totalement sont des adverbes dont on ne se méfie pas assez. « Complet » et « total » étant synonymes lorsqu'ils qualifient « quelque chose auquel il ne manque rien », alors quand ces adverbes ont l'audace de modifier des verbes qui contiennent une idée de « complétude », d'« intégralité », de « parachèvement » (pardon pour cette pédanterie), ils nous font commettre d'affreux pléonasmes. Je n'en citerai que quelques-uns : « finir », qui comme son nom l'indique, signifie « mener quelque chose à sa fin » ; « détruire » dont le premier sens est « réduire à néant » ; « abolir » qui signifie donc aussi « réduire à néant, supprimer » ; « achever » dont un des synonymes, faut-il le rappeler, est « finir ».

Schisme religieux

Si, à l'origine, le mot schisme a désigné une séparation dans une religion établie, d'une Église de l'Église reconnue (on a en particulier parlé de la période de 1378 à 1429 où l'Église catholique a eu plusieurs papes qui se prétendaient tous légitimes comme du grand schisme d'Occident), à partir du XVIIIe siècle, le mot pouvait s'appliquer à des divisions intervenant à l'intérieur d'un groupe organisé, d'un parti... ce qui nous autorise aujourd'hui à qualifier un schisme de religieux, par rapport à ceux qui peuvent intervenir dans la société civile.

Tri sélectif

« Il ne manquerait plus qu'il ne le soit pas ! » C'est ce que vous êtes autorisé à répondre à un élu local qui vous annonce que l'on va organiser le tri sélectif des déchets dans votre commune. Car enfin si le tri (du verbe trier : sélectionner) ne sélectionne pas lesdits déchets on ne voit pas à quoi il sert ! En raison de l'usage important qu'en font nos collectivités locales, je m'apprêtais à classer ce tri sélectif dans les « presque excusables » jusqu'au moment où j'ai découvert qu'il figurait dans l'édition 2017 de mon Petit Robert. Alors si ma bible l'accepte...

Bénévoles volontaires

Si l'on prend la définition de bénévole : « qui fait quelque chose sans obligation, volontairement et sans être rémunéré » et si on la rapproche d'une de celles de « volontaire » : « qui n'est pas l'effet d'une contrainte, qui résulte d'un choix », il est inutile de préciser que les personnes qui se sont engagées dans quelque action que ce soit sans y avoir été obligées sont volontaires.

Mais, car il y a un mais, et même, vous le verrez, plusieurs. Lorsqu'on se réfère à un autre sens de volontaire (qui a ou marque une volonté ferme), on peut très bien dire d'un bénévole qui, dans une association impose sa façon de voir ou de faire avec une détermination farouche indisposant parfois les autres, qu'il est un bénévole volontaire, voire très, très volontaire. Par ailleurs, quand l'armée demande des volontaires pour certaines missions, les militaires, et c'est heureux, restent rémunérés, ils sont volontaires mais non bénévoles.

Option facultative

« Les élèves qui le souhaitent peuvent commencer l'étude du latin en classe de 5e, en tant qu'option facultative. » Jusqu'à ce que le ministère de l'Éducation nationale ne publie cette directive, tout le monde avait l'impression qu'une option était un choix à faire et que la qualifier de facultative, c'est-à-dire de « quelque chose qu'on peut faire ou non », était parfaitement superfétatoire. Mais voilà, le ministère a parlé, une option peut donc être facultative et cette expression est entrée dans le langage courant. Qu'on se rassure cependant, toutes les inventions lexicales des pédagogues de l'Éducation nationale ne sont pas aussi suivies. Ainsi personne n'a encore entendu quelqu'un hurler : « Votre fils a encore cassé un carreau de ma fenêtre de cuisine avec son référentiel bondissant ! »

« Dans le soleil qui le nimbait d'une auréole, il était superbe de jeunesse encore, de foi, de joie triomphale. » Zola, *Travail.*

Nimbé d'une auréole

Je sais qu'une auréole (du latin *corona aureola,* couronne d'or) est le cercle dont les peintres entourent la tête des personnages sacrés sur leurs tableaux, mais ce que j'ignorais c'est que nimbe a été employé à partir du XVIIIe siècle pour décrire le cercle de lumière entourant la tête de Dieu et des saints et que nimber signifie aujourd'hui auréoler.
Alors évidemment, je pourrais avoir quelque scrupule à justifier l'emploi de cette expression, mais Zola lui-même l'a utilisée, alors... : « Dans le soleil qui le nimbait d'une auréole, il était superbe de jeunesse encore, de foi, de joie triomphale. » *(Travail).*

réole

Média d'information

Emprunté à l'anglo-américain *mass media* (moyens de communication de masse), le mot média est devenu incontournable et se suffit à lui-même pour désigner tout ce qui nous transmet des messages, qu'ils soient écrits, visuels ou sonores, pour faire court, tout ce qui nous informe. Ajouter d'information est donc parfaitement inutile, si ce n'est que ça va mieux en le disant et que cette expression ne semble plus choquer personne. Et pourtant, je suis sûr de vous étonner si je vous précise que les mots si courants médiatique, médiatiser, de multimédia... ne sont apparus que depuis 1982.

Opposer son veto

Certes, le sens courant de veto est le refus formel ou l'opposition à quelque chose donc opposer une opposition est quelque, peu redondant, je vous l'accorde. Cependant, dans la mesure où c'est aussi un acte par lequel une institution ou une autorité, par exemple le Conseil de l'ONU, peut s'opposer à l'entrée en vigueur d'une loi, on emploie aujourd'hui indifféremment mettre ou opposer son veto.

Population civile

« Autrefois le rat de ville/ Invita le rat des champs,/ D'une façon fort civile,/À des reliefs d'ortolan. » Laissons à La Fontaine le sens bien vieilli de civil pour désigner les gens respectant les usages de la bonne société et concentrons-nous sur sa signification actuelle.

Du latin *civilis*, relatif au citoyen, l'adjectif qualifie aujourd'hui tout ce qui concerne l'ensemble des citoyens tandis que le nom civil s'applique à toute personne qui n'exerce ni dans le domaine militaire ni dans le domaine religieux. L'ensemble des habitants d'un espace étant désigné par le mot population, une population serait donc forcément civile. Mais, et cela depuis 2001, la Croix-Rouge nous parle de population civile. Le droit international humanitaire est fondé sur le principe de la protection de la population civile : « Les civils qui ne prennent pas part aux combats ne doivent en aucun cas faire l'objet d'attaques, et ils doivent être épargnés et protégés. » Alors, cette expression n'a plus à être bannie, me semble-t-il.

civile

Projet d'avenir

On a l'impression que plus l'avenir (le temps à venir) paraît compliqué, plus le mot fait florès. On ne parle que de lui. Quant au mot projet qui a d'abord désigné « une situation que l'on a l'intention d'atteindre », son sens s'est élargi pour s'appliquer aux programmes et aux plans (même quand on les tire sur la comète) que l'on établit. On fait donc des projets de vacances, on a des projets de vie, vous pouvez être directeur de projet et réfléchir à votre... projet d'avenir.
Tout le monde, et en particulier les politiques et les institutions de formation, vous en parle de ce projet d'avenir et sans le moindre scrupule, alors... parlons-en !

Saupoudrer de sel

S'il est vrai que le verbe saupoudrer est composé de la forme ancienne de « sel », sau, et de « poudrer » qui signifie « couvrir de poudre », il devrait suffire de dire à votre belle-fille qui réclame vos conseils culinaires : « et n'oublie pas de saupoudrer ton gigot avant de le servir » pour qu'elle se souvienne qu'elle doit le saler. Mais vous prenez un risque. Car aujourd'hui, certains définissant saupoudrer comme le fait de couvrir quelque chose d'une légère couche de matière poudreuse, le gigot de la femme de votre fils va peut-être arriver sur la table recouvert d'une fine couche de farine ou de sucre glace !

« Un ego n'a pas d'accent sur le e.
Ce serait un pléonasme.
Car il est dans la nature même
de l'ego de mettre constamment
l'accent sur lui. »
Bernard Pivot, *Les Mots de ma vie.*

Sommaire

Petit traité singulier des pléonasmes insoupçonnés

Chapitre 1

LES IMPARDONNABLES

Chapitre 2

LES UN PEU EXCUSABLES

Chapitre 3

LES EXCUSABLES

Chapitre 4

LES EXCUSÉS

Jean-Loup Chiflet est éditeur et écrivain

Il est l'auteur d'une soixantaine d'ouvrages et a su faire des subtilités et de la richesse du français un terrain de jeu. Les nuances, les expressions, l'ordonnancement des mots sont pour lui l'occasion d'un amusement perpétuel que seul un amoureux de la langue française peut s'autoriser !

Parmi ses principaux succès :

Sky my husband! Ciel mon mari ! (Éditions Hermé)
Oxymore, mon amour ! (Chiflet et Cie)
Dictionnaire amoureux de l'humour (Plon)
Dictionnaire amoureux de la langue française (Plon)
Le Bouquin de l'humour (Laffont, « Bouquins »)